27

n. 16210.

ORAISON FUNEBRE

DE MONSEIGNEUR

L'ARCHEVÊQUE-DE BOURGES.

ORAISON FUNEBRE

DE MONSEIGNEUR

GEORGES-LOUIS

PHELYPEAUX D'HERBAULT,

PATRIARCHE-ARCHEVÊQUE DE BOURGES, Primat des Aquitaines, Commandeur-Chancelier des Ordres du Roi, Supérieur de la Maison & Société Royale de Navarre, &c.

PRONONCÉE *au Service célébré à Navarre, le Mercredi 30 Janvier 1788, Monseigneur l'Archevêque de Paris, Supérieur actuel de ladite Maison & Société Royale, officiant pontificalement.*

PAR M. l'Abbé SAINJON, Bachelier de la Maison & Société Royale de Navarre.

A PARIS,

Chez PREVOST, Libraire, Rue de la Harpe, vis-à-vis le Passage des Jacobins.

1788.

ORAISON FUNEBRE
DE MONSEIGNEUR
L'ARCHEVÊQUE DE BOURGES.

Operatus est bonum & rectum & verum, coram Domino Deo suo.

Il a fait le bien dans la droiture & la vérité, sous les yeux du Seigneur son Dieu.

Au II. liv. des Paralipomenes, c. 31, v. 20.

MESSEIGNEURS, *

QUELLE est donc la misérable destinée des mortels, & la fragilité de toutes leurs grandeurs ! Un homme vient de paroître dans le monde ; il

---

* S. E. Mgr. le Cardinal de la Roche-Foucauld, Mgr. l'Archevêque de Paris, Mgr. l'Archevêque de Bourges, & autres Evêques, présents.

a été comblé des dons de la nature & des graces de la fortune. Nous l'avons vu marcher à grands pas dans la route des honneurs, & s'élever au-dessus de ses dignités par le noble usage qu'il en sut faire. Nous avons connu cette ame douce & modérée, cette ame simple & franche, sensible, généreuse, amie de l'humanité, de la vertu & de la Religion ; enfin cette ame bonne, droite, vraie, dont l'éloge est marqué dans l'Ecriture, & qui sembloit digne d'une éternelle prospérité *.... Hélas ! il est pour les Grands un exemple, que leur chûte est toujours plus prompte que leur élévation. Tout ce qui brille sur la terre ressemble à ces feux célestes, qu'un instant voit s'enflammer, & dont la clarté passagere échappe tout-à-coup à nos yeux, & va se perdre dans l'obscurité de la nuit. La mort, la cruelle mort ne fait respecter ni les titres, ni les vertus. La mort s'est jouée de nos vœux impuissants. Elle s'est hâtée de trancher, avant le terme ordinaire, des jours précieux. Elle a arraché d'entre nos bras un Pasteur adoré, & elle a mis entre lui & nous un intervalle qui seroit immense, si la faulx menaçante ne nous apprêtoit déjà le même sort, si nous ne touchions peut-être au moment où nous serons engloutis dans le tombeau, comme les autres générations, afin de rendre

---

* Fecitque, & prosperatus est. *Ibid.* v. 21.

témoignage que Dieu seul est grand & puissant dans la nature.

Ici, Messieurs, nous avons besoin de la Religion pour nous soutenir. Tout ce qui est autour de nous n'est propre qu'à aggraver notre douleur, en nous rappellant la mort d'Illustrissime et Révérendissime Seigneur Monseigneur GEORGES-LOUIS PHELYPEAUX D'HERBAULT, Patriarche-Archevêque de Bourges, Primat des Aquitaines, Commandeur-Chancelier des Ordres du Roi, Supérieur de la Maison et Société royale de Navarre. Que vous reste-t-il d'un nom si cher, Famille respectable dont il fit les délices, Province assez aimée du Ciel pour avoir été soumise à son autorité pastorale, Maison Royale, berceau de ses premieres études, objet continuel de sa tendresse & de sa bienfaisance ? Rien, qu'un amer souvenir de l'avoir vu régner sur les esprits & sur les cœurs, dans ces lieux où nous voyons aujourd'hui le deuil, la désolation, l'horrible image de la mort.

Et moi, Orateur infortuné, quelle cruelle fonction me suis-je proposé de remplir en ce jour ! Ciel ! faut-il qu'un aussi affreux événement dirige mes premiers pas vers cette chaire sacrée ! Prélat chéri, Prélat digne de tous nos regrets ! Pouvois-je penser que c'étoit à ce lugubre ministere que vous prépariez de loin mon enfance ! Que l'époque fatale où vous deviez defcendre dans la nuit du tombeau feroit celle où ma foible voix pourroit ajouter un fi trifte ornement à vos funérailles! Et que ce premier difcours dont vous vous étiez réfervé de me prefcrire le fujet, feroit employé à déplorer le plus grand des malheurs!.... Rendons cependant, rendons à fa mémoire le feul hommage qui foit déformais en notre pouvoir. Que le cœur fupplée à l'éloquence, & que la vérité paroiffe aux yeux de ceux qui auroient pu jufqu'ici ne la connoître pas. J'ai à vous montrer, Meffieurs, un modele de la bonté parfaite, de la bonté qui plaît à Dieu & aux hommes. La vie de l'Archevêque de Bourges eft pleine de ces traits qui, fans appareil & fans effort, portent dans l'ame le fentiment de la vertu. Entrons dans l'efprit de l'Eglife, qui veut qu'on nourriffe la piété des fideles de la vanité même des pompes funebres, & qu'on honore les morts pour l'édification & l'inftruction des vivants. Confidérons dans un bon Prélat ces qualités naturelles & morales, premiers dons de fon Créateur, richeffes primitives qu'il augmenta par l'habitude des bonnes œuvres : confidérons auffi l'efprit de Religion qui ne l'abandonna jamais, & le conduifit à une fin chrétienne. L'Efprit-faint n'a pas loué autrement le meilleur des Rois de Juda; mais il nous dit qu'en recherchant le bien & la vérité, il ne perdit pas de vue le Seigneur son Dieu. *Operatus est bonum & rectum & verum, coram Domino Deo suo.* Daignez, Messieurs, m'écouter favorablement.

LEs avantages de la nature ne sont rien sans la vertu, & nous ne pouvons en tirer aucune gloire, puisque leur effet est de nous avilir & de nous perdre ; avec la vertu, ils ont tout l'éclat de la vertu même.

Que l'Archevêque de Bourges fut issu d'un Sang illustre; qu'au privilege de la naissance il ait joint la pénétration de l'esprit, la variété des connoissances & l'aménité des mœurs ; qu'il ait possédé avec la science utile des langues, le talent enchanteur de la parole; que le gouvernement d'un vaste Diocese, divers emplois importants, les assemblées du Clergé, la premiere des administrations provinciales, aient montré sa personne au grand jour, & fixé sur sa fortune l'admiration publique : que voyons-nous en tout cela qui pût servir à sa louange, s'il eût été méchant ou orgueilleux, si l'avarice, l'ambition, l'amour de lui-même s'étoient emparés de son cœur? Sa vie eût été seulement remarquable par un plus grand nombre d'écueils, & le plus dangereux de tous étoit peut-être cette bonté naturelle, principe dominant de ses actions, s'il n'eût pris soin de la rectifier & de la subordonner à la vertu. Mais il ufa dignement des bienfaits du Créateur ; fa conduite nous offre à envifager les grandeurs même du monde comme des dons de Dieu, qui retournent à Dieu, & nous ne craignons point de les vanter à la face des Autels.

Quel merveilleux contrafte que celui des honneurs parmi lefquels il naquit, avec fon caractere humble & retenu jufqu'à la timidité! Qui n'aime à voir de tous les hommes, non-feulement le plus affable, mais encore le plus modefte, fortir d'une famille à qui la France avoit, en quelque forte, accoutumé d'obéir? Le Comte de Maurepas, dont le miniftere fage & pacifique eft encore fi près de nous, étoit le onzieme Secrétaire d'Etat qui, depuis deux fiécles, eût porté le nom de Phelypeaux. Ainfi une Maifon entiere éprouva un fort que nous voyons à peine fe fixer fur une feule tête. Elle offrit un afyle perpétuel à la confiance des Rois, &, née au pied du trône, elle ne ceffa d'entrelacer fes branches autour du fceptre. S'il eft vrai que, par une analogie fecrette, les difpofitions de notre ame dépendent quelquefois des qualités du fang qui nous eft tranfmis ; fans doute l'Archevêque de Bourges, dont les ancêtres avoient fi long-temps repofé dans le fein de nos Souverains, ne dût qu'à cette favorable influence la bonté, l'humanité, toutes les vertus populaires qui l'ont rendu cher à nos yeux.

Il annonça de bonne heure ces nobles & heureuses dispositions qui appellent les regards, & semblent commander les hommages de la multitude. Dès qu'il parut dans la société, on se plut à augurer de son sort futur, & on le jugea d'abord destiné à perpétuer, par des services purement profanes, la gloire & la fortune de sa Maison. Mais Dieu qui ne l'avoit point formé pour le monde, conduisit ses pas vers le sanctuaire, & se hâta de lui marquer le poste où il vouloit qu'il travaillât toute sa vie. A peine sorti des Ecoles Royales de Navarre, où se conserve encore la mémoire & de ses grands succès, & de sa conduite exemplaire, il fut appelé au gouvernement du Diocese de Bourges.

Ne croyez pas, Messieurs, que de coupables intrigues furent la cause d'un si prompt avancement. Non; il n'eut jamais à se reprocher cette avidité des grandeurs mondaines, passion funeste qu'aucune barriere ne peut retenir, & qui ose porter jusques sur l'encensoir ses mains téméraires. Son élévation fut singulierement l'ouvrage de la Providence, qui se manifesta par le concours de tous les suffrages, &, pour-ainsi-dire, par le sceau de la voix publique. O tems heureux, où les Peuples chrétiens méritoient, par la sainteté de leurs mœurs, qu'on se reposât sur eux du choix de leurs Pasteurs, que vous êtes loin de nous!

A notre honte, nous sommes forcés d'avouer qu'un tel pouvoir seroit même aujourd'hui dans nos mains une arme dangereuse & mortelle, depuis que nous laissons prévaloir la chair & le sang contre nos plus sacrés intérêts. Toutefois vous vous retracez encore à nos yeux dans ces promotions honorables, où le choix du Souverain s'accorde avec le vœu des Peuples, & où il semble qu'une secrette inspiration, dirigeant tous les esprits vers le même but, ramene malgré nous les loix primitives.

C'est ce qu'il fut donné de voir à l'Eglise de Bourges, à cette époque malheureuse, que je ne puis rappeller à son souvenir sans lui offrir un nouveau sujet de douleur. Une maladie soudaine & terrible, semblable à un coup de foudre, venoit de précipiter dans le tombeau le Cardinal de la Rochefoucauld, Grand-Aumonier de France, Pasteur vénérable dont la mémoire ne peut s'effacer. Est-ce l'éclat d'un si grand nom, ou celui de ses dignités éminentes, qui a laissé ces traces profondes? Ou n'est-ce pas plutôt cette bonté d'ame, héréditaire dans sa famille, divin privilege qui mériteroit seul nos respects, quand il ne seroit pas réuni avec tant d'honneurs? Le vertueux Pontife avoit pensé à se choisir un successeur, en qui on n'eût point à regretter cet avantage précieux. Mais la mort l'ayant arrêté dans ses projets, le Chapitre de la Métropole, organe du Clergé & des fideles qu'un si triste événement avoit confiés à ses soins, se hâta d'en solliciter l'accomplissement, & supplia le Roi de donner pour chef à cette grande Eglise, celui qui déjà étoit désigné par une telle recommandation & par l'empressement général. Il n'eut pas de peine à obtenir une grace accordée d'avance dans le cœur du Monarque, & on ne put voir une vocation plus réguliere de toutes parts. O qu'il est beau d'entrer par cette voie dans la périlleuse carriere de l'Episcopat! qu'un Pasteur peut se promettre de son ministere, lorsqu'il y est introduit sous de si heureux auspices!

Ainsi, placé à l'âge de vingt-sept ans sur l'un des premiers Siéges du Royaume, il considéra cette hauteur qu'il venoit de franchir; &, à la vue des dangers d'une telle situation, il apprit à se défier de lui-même, loin d'affecter une vaine & folle assurance. Son premier soin fut de se rapprocher des hommes, de chercher au-dessous de lui des amis, dont la sagesse pût aider son inexpérience, & de bannir les préjugés vulgaires, suivant lesquels il semble que le sort n'éleve certains hommes au-dessus des autres, qu'afin de les isoler & de les abandonner à leur foiblesse. Pour lui, il pensa plus noblement de la grandeur. Toutes ces distinctions de rangs & de pouvoirs, dont l'orgueil aime à faire de stériles trophées, lui parurent ne devoir être que des témoignages d'union, & comme des points de ralliement dans la société. Il jugea donc que s'il se rendoit humain, sociable, charitable à proportion de ses dignités, alors il seroit véritablement Grand. Et tel fut l'effet de ces sentiments généreux, qu'à mesure qu'il acquit pour sa fortune, il acquit aussi pour la sensibilité de son cœur, & devint meilleur par la prospérité. A cette marque nous reconnoissons la bonté essentielle, qui est une émanation de la Divinité, & dont on défigure les traits lorsqu'on veut les emprunter. Les méchants se font de leurs prérogatives un droit contre leurs semblables; plus ils s'aggrandissent, plus ils se concentrent, & par conséquent plus ils sont méchants. Ceux qui n'ont qu'une bonté feinte, soutiennent les premieres épreuves; mais bientôt ils se décelent ou s'épuisent. Il n'appartient qu'à la véritable bonté de se conserver & de s'accroître toujours; semblable au feu qui s'irrite des obstacles, qui renaît de ses cendres, & ne brûle que pour redoubler d'ardeur & d'activité.

Telle fut la bonté de l'Archevêque de Bourges. Homme né pour le bonheur des autres hommes, portant la douceur sur son front, il n'appréhendoit rien tant que de faire le mal, & il refusa constamment d'employer, pour faire le bien, ces moyens violents qui sont toujours odieux. Juge propice, il aimoit à excuser les fautes, à prêter à tout le monde des intentions droites, à considérer les méchants même par le côté favorable. Ami fidele, il n'abandonna personne dans la disgrace; ceux qu'il honora de sa confiance goûterent dans son sein toutes les délices de l'amitié la plus inviolable : leur tombeau fut inondé de ses larmes.

Les inclinations bienfaisantes qu'il avoit reçues de la Nature s'étant fortifiées par l'habitude, devinrent aussi impérieuses que la Nature même. La bonté fut dans la suite le seul accès de son cœur, & parut absorber toutes les facultés de son ame. Elle présidoit à toutes ses démarches, occupoit toutes ses conversations, remplissoit toutes ses pensées. Si vous lui demandez des graces, vous verrez que son premier mouvement est de les accorder. Des motifs personnels ne l'arrêteront point; il est trop heureux d'avoir une occasion de satisfaire le desir, &, pour ainsi parler, le besoin qu'il a d'être utile. Quelquefois cependant les graces particulieres sont préjudiciables au bien commun; alors (triste nécessité!) il fera violence à sa bonté même, & il pourra arriver qu'il se détermine à punir.

Mais comme les punitions étoient contraires à son naturel, c'est dans ces rudes épreuves que se déployoit toute sa clémence. Je ne dirai pas qu'il purifioit alors son cœur de tout sentiment de haine, de rancune, de vengeance. O jamais! jamais la haine n'approcha de son cœur. Ce que je proposerai à votre admiration, c'est que plus un homme étoit coupable, plus il avoit de part à sa bienveillance & à son amour. Il prenoit sa défense contre la rigueur des Loix, contre ses propres jugements. Quoiqu'il ne condamnât personne que sur des convictions manifestes, il cherchoit toujours à reconnoître s'il ne s'étoit point trompé. Il eut desiré laver la mémoire d'un innocent, au prix d'avouer une erreur & de revenir sur ses pas. On l'a vu, au moment où il venoit de prononcer une sentence flétrissante, dans ce moment dangereux où les Juges les plus intégres ne peuvent se défendre d'une animosité secrette que le zele de la Loi semble inspirer, on l'a vu, dis-je, courir au-devant du coupable, l'embrasser, l'arroser de ses pleurs, & s'écrier : Mon fils, je suis trop heureux si vous me pardonnez. On l'a vu punir un homme de peur de le perdre, & le combler de biens en secret, de peur, disoit-il, de trop le punir.

Une si étonnante douceur eut des ennemis. N'eut-elle pas dû confondre & anéantir pour jamais toute inimitié ? Admirons la profonde malice des hommes, & n'espérons plus, après un tel exemple, de trouver la paix sur la terre. Vils insectes que nous sommes, attachés à un peu de boue, traînant pour quelques jours un souffle de vie, nous ne cesserons encore de nous persécuter & de nous détruire les uns les autres ! Toujours il y aura dans la société des ames vaines que rien ne peut satisfaire ; des ames basses dont la jalousie s'effarouche de tout ; des ames noires, qui aiment à sacrifier les réputations à leurs intérêts, si ce n'est pas même à leurs plaisirs ; des ames atroces, qui se nourrissent de calomnies, qui déchireroient jusqu'au sein d'une mere, puisque leurs aiguillons n'ont pas respecté le meilleur des peres.

Si nous étions moins vicieux, nous serions plus discrets dans nos jugements, plus ardents à mettre à profit les bons exemples qui nous sont proposés dans le monde, plus soigneux d'étouffer les mauvaises impressions qui n'y naissent que trop souvent. Mais ayant perdu le goût de la vertu, nous ne savons que penser au mal, suivant la remarque du Sage * ; nous l'inventons, nous l'envenimons. Les plus grandes victimes sont celles que notre méchanceté immole avec le plus de complaisance ; nous frappons le juste de notre langue, & nous le couvrons d'opprobres. Que lui reste-t-il, sinon de supporter ces horreurs avec patience, & de vouloir du bien à ceux qui l'outragent ? L'Archevêque de Bourges fit plus : il chercha par-tout à

---

* Labia justi considerant placita, & os impiorum perversa. *Prov.* 10. 32.

leur en faire; s'ils en abufoient contre lui, il leur en faifoit encore. Pour les ramener, il fe chargeoit de la honte des avances, & lorfqu'il n'avoit pu réuffir, trifte & inquiet jufqu'au fcrupule, il fembloit s'accufer lui-même de l'inutilité de fes efforts.

Quelle énergie dût avoir, parmi tant de vertueux fentiments, celui de la miféricorde! Quelles confolations, quelles reffources n'offrit-il point aux pauvres & aux malheureux! N'attendez pas que je faffe ici l'énumération de fes aumônes; ce feroit entreprendre toute l'hiftoire de fa vie & celle des calamités publiques & particulieres dont il fut le témoin. Vous qui defirez de connoître l'étendue des fecours qui partirent de fa main bienfaifante, fuivez fes traces par-tout où vous pourrez les découvrir; percez les ténébres dont il s'eft fouvent enveloppé, interrogez, dans tous les états & dans toutes les conditions, ceux dont il a guéri ou adouci les plaies; les Vieillards & les Veuves dont il foutenoit les jours chancelants; les Orphelins des deux fexes à qui il tenoit lieu de pere; les éleves du Sanctuaire, les pauvres Prêtres, les jeunes Gentilshommes, les anciens Militaires que fes dons faifoient fubfifter; les familles qu'il tiroit de la mifere, & celles qu'il empêchoit d'y tomber. Allez demander par quels foins la mendicité fut abolie dans les villes principales du Diocefe de Bourges, qui fut l'auteur de ces nombreux

breux établiſſements de charité, qui fonda & qui entretint ces Colléges, ces Hôpitaux, ces Maiſons de toute eſpéce, deſtinées au ſoulagement de l'humanité.

Pour moi, Meſſieurs, je n'ai deſſein que de vous peindre la bonté de ſon ame. Et encore que par la multitude de ſes bonnes œuvres, vous puiſſiez clairement concevoir que ſa charité fut prodigieuſe; je crains néanmoins qu'en la reſtreignant aux effets, vous n'en ayez une idée trop bornée; j'aime mieux vous parler de ſes motifs, dont rien n'égaloit l'héroïſme.

Fut-ce donc par oſtentation qu'il fit l'aumône? Hélas! qui ſeroit aſſez malheureux pour avoir une telle penſée? Fut-ce par religion, fut-ce par devoir? Sans doute il ne perdit pas le fruit de ſes travaux, & ſut les rapporter à la gloire de Dieu & à l'accompliſſement de ſa Loi ſuprême. Mais les mouvements de ſon cœur étoient trop prompts, & ſouvent il avoit donné, lorſqu'il ſe rappelloit que Dieu a fait de l'aumône un précepte. Attendoit-il au moins le ſentiment de la pitié? non, Chrétiens. Nous n'avons pitié que de ceux dont nous comparons la détreſſe avec notre abondance. L'Archevêque de Bourges ne prenoit pas le temps de faire cette comparaiſon, parce qu'en voyant les pauvres, il ſe confondoit avec eux. Il donnoit aux pauvres, comme il ſe donnoit à lui-même. Il ne

B

croyoit pas leur donner, mais leur difpenfer ce que le Créateur n'avoit pas moins fait pour eux que pour lui.

Auffi fes largeffes n'avoient rien de cette hauteur qui accompagne quelquefois la pitié même. Il ne s'en faifoit point un mérite. Il ne fongeoit pas à exiger de reconnoiffance. L'horreur qu'il avoit conçue pour le vice monftrueux de l'ingratitude, lui venoit des graces qu'il avoit reçues, plutôt que de celles qu'il avoit faites.

Doux & affable envers les derniers des hommes, il ne montroit aucune répugnance à les vifiter dans leurs hofpices; il les eût admis jufques dans fes foyers. Que dis-je? Ne fait-on pas que fon palais, & les lieux même de fa retraite, étoient devenus des afyles publics pour les pauvres infirmes; que le bon Prélat leur y faifoit adminiftrer les fecours de l'art, par un homme digne de concourir à une fi belle œuvre, qu'il les y foignoit, leur diftribuoit des mets de fa table, & ne dédaignoit pas d'employer à les fervir fes mains vénérables? Tels étoient fes plus grands plaifirs. Mais cette campagne, attrait continuel d'un homme naturellement paifible, me rappelle un autre trait que je ne puis omettre, parce qu'il rend à la charité un hommage auffi inftructif qu'il eft glorieux.

La difette qui affligea la France vers la fin du dernier régne ayant fait fentir dans le Berry fes cruelles atteintes, on entendit de toutes parts les cris des misérables que la mort menaçoit. Dans cette extrémité douloureuse l'Archevêque ne manqua point à son peuple. Il fit publier dans sa ville capitale (pardonnez, c'est la seule aumône qu'il fit publier) : Qu'on épargnât les blasphêmes, & qu'on ne désespérât point de la Providence, tant qu'il y auroit du pain dans sa maison. Cet avis salutaire pourvut à la sûreté publique. Les indigents reconnurent qu'il y avoit encore de bons Pasteurs. Les menaces expirerent sur leurs levres. L'espérance se ralluma au fond de leur cœur. Ils coururent investir leur Evêque, qui en leur donnant des aliments se fut consolé de la misere des temps, s'il eût pu se persuader que tous les malheureux eussent entendu sa voix. Mais il crut devoir appliquer cette foule désœuvrée à l'embellissement de ses jardins. Résolution mémorable, digne d'être proposée pour modéle à tous les riches de la terre! Douce & modeste habitation, que ton enceinte est respectable, puisque c'est la vertu & la reconnoissance qui l'ont décrite! Que j'aime à parcourir tes riantes avenues, plutôt que des chemins odieux qui seroient l'ouvrage de l'injustice & de l'oppression, qui, construits de la ruine des hommes, & cimentés de leur sang, me feroient craindre à chaque moment l'enfer sous mes pieds! Bois solitaires, je goûte sous votre ombrage une volupté

B 2

pure.... Et quelle main sacrilége oseroit vous détruire ? Non, non ; vivez plus que nous, fleurissez, vivez ; portez à la postérité la mémoire des bienfaits qui vous donnerent naissance.

Pendant que l'Archevêque de Bourges employoit ainsi ses richesses, & couloit des jours paisibles dans le secret de son ministere, Dieu lui suscita d'autres occupations propres à exercer de plus en plus ses talents naturels. Ce point, Messieurs, intéresse tous les bons François; il tient à l'origine d'un établissement qui excite aujourd'hui l'enthousiasme universel, & nous fait concevoir les plus flatteuses espérances pour la future prospérité de cette Monarchie.

Le Roi, glorieusement régnant, après avoir, dès son avénement à la Couronne, médité sur les moyens d'encourager l'amour du bien public, & de suggérer à une Nation fidéle l'activité nécessaire pour seconder ses vues bienfaisantes, eut la sage pensée de créer des administrations provinciales, sorte d'associations patriotiques, où il est donné au peuple de travailler lui-même à l'amélioration de son sort, & de communiquer avec son Souverain ; pacifiques tribunaux, qui puisent dans leurs services même toute leur autorité.

Mais la marche des solides révolutions est lente. De nouvelles formes ne peuvent s'introduire dans un corps aussi vaste qu'à la faveur du temps & des expériences qui en garantissent le succès. Ce bienfait fut donc accordé d'abord à une seule province. Ce fut celle dont le Roi avoit porté le nom dans son enfance. Contrée jadis des plus florissantes, mais que de longs malheurs, les dissensions civiles & les troubles de Religion avoient jettée dans une langueur digne de son attention Royale.

Et à qui sera confiée l'exécution de ce plan magnifique ? Qui tracera à la France le premier modele de ses assemblées ? L'Archevêque de Bourges, Messieurs. Egalement aimé de son peuple & de son Roi, il étoit propre à former la chaîne entre l'un & l'autre. Il avoit dans une juste proportion & l'ardeur & la modération nécessaires pour conduire cette grande entreprise à travers les orages du dedans & du dehors. Je ne crains pas de le dire : sans lui il étoit dangereux que l'épreuve n'échouât, & que nous ne vissions point l'Edit immortel qui a étendu les assemblées provinciales à tout le Royaume.

Or, quoique les médiateurs du trône & de la patrie ayent d'abord suivi cette généreuse maxime, qu'il vaut mieux jetter les fondements d'un bien futur, que de s'attirer des louanges précoces, néanmoins l'utilité de leurs travaux s'est bientôt montrée à découvert. Nous avons vu les villes & les campagnes s'embellir, le commerce renaître,

& à fa fuite l'induftrie & l'agriculture prendre une nouvelle vigueur, les contributions des peuples appuyées fur des bafes plus fimples & plus exactes; les corvées (nom affligeant pour l'humanité!) fupprimées pour toujours.

Il s'eft trouvé dans les trois Ordres, des hommes dont le génie & les lumieres ont puiffamment fecondé le zele de leur Préfident. Cependant on ne peut lui contefter le mérite d'avoir été l'ame des plus grandes opérations.

Dans l'embarras de certaines féances, la multitude & la contrariété des opinions laiffant la vérité profondément obfcurcie, il prenoit doucement la parole, mettoit de l'ordre dans les chofes les plus confufes, repréfentoit les divers avis avec force & précifion, propofoit enfuite fa penfée modeftement, & fe livrant au feu de fa rare éloquence, enchaînoit l'attention de l'affemblée, & concilioit tous les efprits; femblable à l'aftre du jour qui perce la nuit des tempêtes, & appaife les flots tumultueux.

Dans les entretiens particuliers, il venoit au fecours des délibérations folemnelles. Il raifonnoit fur les affaires avec chaque membre de l'adminiftration; communiquoit à tous l'amour du bien public dont il étoit embrafé, donnoit à ceux qui avoient à fe plaindre des audiences faciles, & traitoit tout le monde avec tant de ménagement, qu'il sembloit ne rien refuser à personne. Il alloit ensuite à la Cour, pour rendre compte au Roi du succès de ses travaux, dissipoit souvent, par la simple exposition des faits, de grandes préventions, & se montroit par-tout comme un Ange de paix.

Il ne s'attiroit pas de moindres applaudissements lorsqu'il formoit des entreprises extraordinaires, & se livroit à des essais hasardeux dans la vue de frayer de nouvelles routes au commerce, & d'augmenter les ressources de sa Province; ou lorsqu'il prenoit sur ses revenus de quoi diminuer le fardeau des impositions, & donnoit au Clergé & à la Noblesse un exemple qu'ils se sont empressés de suivre.

Croirons-nous, Messieurs, que tant de bonnes œuvres l'aient rendu infidele à sa vocation? L'accuserons-nous de s'être distrait de sa sollicitude pastorale par un emploi qui étoit moins une domination temporelle, qu'une grande aumône faite à son Diocése? Quoiqu'en disent de trop rigoureux censeurs, les Ministres sacrés seront toujours les premiers citoyens. Ils ne sont point étrangers à une institution destinée par sa nature à entretenir la paix, à animer la confiance, à augmenter l'union, la concorde & le bonheur des peuples. Non, non; l'esprit de l'Evangile n'est point de proscrire avec les dignités mondaines, les exercices de la charité publique, & les soins donnés à l'humanité ne fauroient en aucun temps déshonorer l'Epifcopat.

Mais vous verrez dans la feconde partie que ces travaux n'ont point refroidi fa Religion, & par conféquent qu'ils ne furent point dérobés à fon miniftere.

JE ne puis, Meffieurs, voir les mœurs & les opinions qui regnent aujourd'hui parmi les hommes, fans être frappé d'une réflexion que mon fujet m'autorife à vous propofer & qui me paroit défolante, pour quiconque fent encore au-dedans de lui l'empreinte d'une main toute-puiffante, & n'a pas tout-à-fait arraché la piété de fon cœur. C'eft que les vertus humaines ont confpiré avec les paffions & avec les vices pour achever de ruiner l'empire de la religion. Dans le monde, tout dépravé qu'il eft, les actions de juftice & de bienfaifance ne manquent ni de panégyriftes ni d'admirateurs. Et quand j'aurois eu moins à attendre des difpofitions religieufes de cette illuftre affemblée, j'aurois efpéré de l'émouvoir en faveur d'un bon Prélat par le feul fpectacle de fa bonté. Mais ce que nous faifons pour la gloire de Dieu, n'eft payé que de mépris ou d'outrages. La nature, faine ou corrompue, eft l'idole univerfelle, pendant que tout eft ligué contre fon auteur. Ceux qui ont confervé pour lui un refte d'amour font obligés ou d'aller l'épancher dans les ténébres, ou de le comprimer dans leur fein. Que fi le mouvement de leurs lévres vient à les trahir, ils ne peuvent fe fauver de la honte publique, comme s'ils étoient convaincus d'intelligence avec le plus grand ennemi de la patrie.

Cependant nous ne faurions anéantir la religion, puifque nous ne l'avons pas créée. Elle ne ceffera d'être malgré nos efforts, la bafe, le fondement des vertus morales. Tout éloge donc ou elle n'aura point de part, celui fur-tout d'un Evêque, ne peut être que bien frivole. Il feroit injurieux à l'Archevêque de Bourges qui depuis fa plus tendre enfance jufqu'à fon dernier foupir non-feulement n'a jamais vacillé dans fa croyance, mais n'a rien fouhaité autant que de voir fanctifier le nom de Dieu fur la terre.

Pour comprendre combien fon zele étoit ardent, combien étoit profonde la connoiffance qu'il avoit des dogmes & de l'efprit de la religion, je voudrois que vous l'euffiez vu peindre lui-même fes fentiments par fes difcours. Soit lorfqu'il parloit dans fes Synodes, entouré de fon refpectable Clergé, & qu'en qualité de premier Pafteur il expofoit les devoirs du faint miniftere; foit dans les inftructions générales que divers événements lui donnerent occafion d'adreffer à fon peuple; foit dans les exhortations paternelles, qu'il faifoit aux habitants des campagnes en même temps qu'il les fanctifioit par l'impofition des mains ; par-tout il déployoit cette éloquence qui part du cœur & fe fait entendre au cœur. Ses paroles étoient pleines d'onction & de force. Elles refpiroient un tendre amour pour Dieu, un grand defir du falut des ames. C'étoit la vérité qui parloit elle-même ; c'étoit fa douceur avec fon énergie, fa fimplicité & fa nobleffe. Les myfteres de la religion n'ont rien de fi grand, dont fa bouche ne faffe un lait pour la nourriture des enfants; fes ufages rien de fi petit où il ne trouve un aliment folide pour le foutien des forts.

Il manioit avec habileté ces armes puiffantes que prêtent la raifon & le fentiment à ceux qui joignent à un efprit élevé une ame affectueufe. Il ne plaifoit pas moins, lorfqu'il préfentoit la vérité toute nue, que lorfqu'il la paroit de ces fleurs innocentes dont une éducation foignée lui avoit fait contracter l'habitude, & dont le goût lui venoit cependant moins de l'art que de la nature. Mais il étoit en quelque forte fupérieur à lui-même, quand il développoit des traits de l'écriture. La lecture des livres faints fut toujours fon étude favorite. Leur majeftueufe obfcurité n'avoit fait qu'enflammer fon courage. Il s'étoit familiarifé avec la langue hébraïque, afin de pouvoir en fentir mieux les beautés ; perfuadé qu'elles font plus vives dans leur premiere fimplicité ; comme ce fuc délicat, qu'une abeille diligente puife plutôt dans le calice des fleurs, que dans les vafes fabriqués pour le conferver. Sans ceffe il méditoit cette divine parole, & il en nourriffoit affidûment fa mémoire. Ainfi il s'étoit rendu propres toutes fes richeffes ; enforte qu'elles couloient de fes levres, comme de leur fource.

Il faut pour une telle abondance un grand fond de perfuafion, parce que l'impofture & la diffimulation ne fauroient aller auffi loin, quelque artificieufes qu'elles puiffent être. Je ne veux pas en louant ici fa foi, lui faire un mérite d'avoir été fincérement Chrétien. Mais je parle d'une foi malheureufement trop rare parmi nous ; de la foi du cœur, de cette foi courageufe, ferme & agiffante. Il fervoit la religion par amour. Il vouloit qu'elle fût par-tout refpectée. Jamais il ne manqua de défendre fes intérêts, lorfqu'il les vît attaqués. Sans dégrader par une affectation minutieufe les fignes extérieurs que nous devons donner de notre profeffion, jamais il ne fe laiffa arrêter par ces faux ménagements, qu'on a lâchement inventés pour fe croire Chrétien en paroiffant impie & concilier Jéfus-Chrift avec le monde. Jamais il n'eût que du mépris pour ces adorateurs fans caractere & fans principes, vils perfonnages qui tournent à tout vent, qui encenfent toutes les idoles, & feront même Chrétiens, fi c'eft la loi de leur intérêt ou de leur caprice : *Quofdam in ventum & fi ita libuerit*

Chriſtianos. * Jamais il n'accueillit que d'un viſage ſévere ces froides railleries, ces téméraires propos que ſe permettent ſur les objets les plus révérés de notre culte, des diſcoureurs inſenſés, brillant dans les cercles aux dépens de leur conſcience, & tirant vanité de la haine qu'ils ont jurée à leur Dieu.

Combien de fois il gémit ſur les ravages que l'impiété a faits de nos jours, & ſur les plaies encore ſaignantes que nos Egliſes & particuliérement la ſienne ont reçues en ces derniers ſiécles de l'eſprit de menſonge déguiſé ſous le nom de Réforme ! Malheureuſe portion de ſon troupeau, enfants rebelles, qu'une aveugle confiance en de faux Apôtres a ſouſtraits à l'autorité légitime, & qu'une mauvaiſe honte, je ne ſais quelles illuſions cent fois détruites retiennent aujourd'hui dans le précipice, où vous voyez pourtant que vous ne pouvez demeurer : ſoyez les premiers à rendre hommage à la Religion de votre Evêque. Souvenez-vous du jour où occupé à inſtruire les fideles, à qui il avoit donné l'onction ſainte, dans une ville imbue de vos préjugés, il s'apperçut tout-à-coup que vous étiez venus l'entendre, & vous adreſſant ſur le champ la parole, vous fit cette belle invitation, qui plus elle fut douce, plus elle dût être pour vous fou-

---

* Tertull.

droyante. Comme il montroit les sentiments d'un bon pere ! Comme il vengeoit l'Eglise Catholique des malignes imputations de vos instituteurs ! Comme il appelloit contre vous en témoignage, & le Ciel & la Terre témoins de votre désertion scandaleuse ; & votre propre conscience réclamant en secret contre une désobéissance, qui après tout est autant votre malheur que votre ouvrage ; & les archives de son Eglise, qui déposoient malgré vous par la succession non interrompue des Pontifes, que Jésus-Christ l'avoit établi votre Pasteur ; & les voûtes du Temple où vous étiez rassemblés, plus anciennes que vos erreurs ; & la pierre des tombeaux que vous fouliez aux pieds, où les noms de vos ancêtres se trouvent encore inscrits ! Votre opiniâtreté n'a point mis d'aigreur dans sa conduite. Vous aimiez à l'environner comme ses autres enfants. Vous aviez souvent recours à sa justice & à sa bonté même. Telle étoit sa douceur dans le gouvernement des ames. Douceur fondée sur la Charité qui est intrépide jusqu'à la mort ; douceur qu'il ne faut point confondre avec la lâcheté d'un Pasteur mercenaire qui trahit son ministere & laisse périr ses Ouailles.

Un Evêque chargé de l'instruction d'un si grand peuple ne peut remplir par lui-même que la moindre partie de ses obligations. Son principal soin doit donc être de diriger & de former ceux qui travaillent fous fes ordres, & de multiplier dans leurs mains le pain de la divine parole. Celui que nous pleurons excita leur ardeur felon fon pouvoir. Il veilla de près fur l'éducation de la jeuneffe Cléricale; il ne négligea aucun des moyens qu'il jugea propres à fortifier l'émulation & à perfectionner l'enfeignement, & fit dans ces vues plufieurs opérations capables d'illuftrer feules fon Pontificat. Sa maxime étoit que la véritable piété d'un Prêtre ne peut guere s'allier avec l'ignorance. Sans doute ce n'eft point la fcience qui vivifie nos œuvres; mais quelles œuvres la piété feule pourroit-elle produire ? En ceux qui doivent être la lumiere du monde auffi bien que le fel de la terre, le zele dépourvu d'inftruction eft comparable au vain favoir des impies. Productions informes & monftrueufes qui n'ont ni racines profondes, ni folide fondement. Elles croîtront pour un temps. Elles en impoferont par de belles apparences; mais le moindre vent trahira leur foibleffe, & elles fuccomberont à la violence des tempêtes. * Gardons un jufte milieu entre un puérile orgueil, qui s'enfle pour des talents dont nous n'aurons point à rendre compte au Ciel, & une in-

---

* Spuria vitulamina non dabunt radices altas, nec ftabile firmamentum collocabunt. Et fi in ramis in tempore germinaverint, infirmiter pofita à vento commovebuntur & à nimietate ventorum eradicabuntur. *Sap.* IV. 4.

différence criminelle qui néglige d'en faire usage pour la gloire de Dieu & le salut des ames confiées à notre ministere. Quelque stérile que soit la science, la piété implore son secours, sans lequel elle ne peut ni s'élever, ni devenir féconde. Telle une tendre vigne cherche à se lier à un puissant ormeau. Si vous l'en arrachez, vous la verrez ramper, s'embarrasser dans ses propres filets, & porter des fruits demi-sauvages, dont on ne pourroit extraire cette douce & bienfaisante liqueur, symbole de la vraie sagesse. *Fructus illorum inutiles & acerbi ad manducandum & ad nihilum apti.*

Le zele de l'Archevêque de Bourges pour le progrès des sciences Ecclésiastiques éclata sur un plus grand Théâtre, depuis que le Roi lui eût commis l'Administration de son illustre Maison de Navarre. Il reçut avec satisfaction ce titre si conforme à son goût & aux inclinations de son cœur. Il se crut heureux de pouvoir à son tour servir d'appui à une Société qui avoit formé ses premiers pas, jusqu'au moment où ils purent atteindre au Thrône Pontifical. Ce fût donc sous tous les rapports sa chere famille, expression qu'il avoit souvent à la bouche, & que sa conduite ne démentit point. Nulle part il n'étoit plus affable, plus aimable que dans cette demeure chérie. Attentif à ménager également les droits communs & particuliers, il y faisoit toujours le plus de bien possible. Mais ses fages réglèments tendoient fur-tout à maintenir le corps entier dans les anciennes formes d'où dépend fa bonne conftitution. Auffi cette émulation mêlée d'amitié, de nobleffe & de grandeur qui fait le caractere de cette Société, n'a point été altérée de fon temps. Nous voyons avec joie l'admirable union qu'elle produit encore, entre ceux même que la diverfité des conditions & les caprices du fort paroiffent avoir fi fort divifés. C'eft une chofe bien confolante pour nous, Meffieurs, que depuis cinq fiécles ce premier germe n'ait point dégénéré; qu'on puiffe renouveller de nos jours le témoignage rendu par les anciens hiftoriens à nos prédéceffeurs; que ni la diftance des lieux, ni le laps du temps; ni les dignités, la pourpre même dont plufieurs ont été revêtus, ni les fonctions importantes dont ils furent chargés, ni la célébrité qu'ils acquirent partout l'univers, ne purent affoiblir leur affection pour la Maifon de Navarre. Puiffe un tel encouragement perpétuer à jamais la gloire de cette Maifon précieufe à l'Eglife univerfelle, à qui elle a fourni dans ce dernier âge fes plus grands défenfeurs; précieufe fur-tout à l'Eglife Gallicane qui n'a point eu de plus ferme rempart de fes maximes & de fes libertés; précieufe même au Roi qui l'a toujours vue non-feulement foumife à fa conduite paternelle, mais encore inviolablement attachée à fa

perfonne

perſonne, montrant par de tels ſentiments qu'elle doit ſon origine à une Reine de France. *

La reconnoiſſance & l'amour s'uniſſent donc avec le devoir pour commander les triſtes honneurs que nous rendons en ce moment à un de nos plus chers & de nos plus illuſtres Supérieurs. Quand il n'eut fait que nous aimer tendrement, qu'entretenir l'ordre & la paix & prépoſer ſur nous des hommes d'une bonté & d'une douceur égale à la ſienne, ne ſeroit-ce point aſſez ? Mais ſon Gouvernement fera dans nos annales une époque ſignalée, parce qu'il a été le principe d'une révolution que nous pouvons regarder comme une ſeconde naiſſance.

Les bienfaits de notre auguſte fondatrice en partie conſumés par le temps deſtructeur de toutes choſes, ceux de Louis treize & du Cardinal de Fleury, quelque étendus qu'ils fuſſent, nous laiſ-ſoient à deſirer une habitation convenable, qui pût, en réuniſſant les nouveaux & les anciens membres de la Société, remplir le vœu des uns & des autres, & donner une forme plus fixe à cette Royale inſti-tution. L'Archevêque de Bourges ayant tourné

---

* La Reine Jeanne de Navarre, Comteſſe Palatine de Champagne, épouſe de Philippe-le-Bel, fonda en 1304, la maiſon de Navarre, d'où ſont ſortis Clémengis, D'Ailly, Gerſon, le Hennuyer, Evêque de Liſieux, qui s'eſt oppoſé au maſſacre de St. Barthelemi, Du Perron, Launoi, Boſſuet, &c.

C

toutes ſes penſées vers ce difficile projet, a eu la gloire de jetter les fondements du noble édifice que nous voyons s'élever & qui commence à annoncer ſa deſtination. Heureux s'il avoit pu recueillir lui-même les fruits d'une ſi belle entrepriſe ! Mais c'eſt le ſort des grands monuments d'immortaliſer pluſieurs noms à la fois. Comme c'étoit d'ailleurs le bien public qui le touchoit plutôt que ſa célébrité, il s'eſt réſigné à ne point couronner de ſes mains cette œuvre mémorable ; content d'y avoir travaillé le premier, & de voir celui que la Providence deſtinoit à la conſommer.

C'eſt à vous, Monſeigneur, que la gloire en eſt réſervée. Depuis qu'arraché à votre ancienne Egliſe vous avez été placé au-deſſus de nos têtes pour reproduire au milieu de ce ſiécle corrompu la ſimplicité de mœurs, la bonté d'ame, la ſainteté de vie & l'éloquence apoſtolique des premiers Pontifes, la maiſon de Navarre fiere de donner un Evêque, & un tel Evêque à la Capitale, s'eſt efforcée de ſerrer de plus en plus les nœuds qui l'attachoient à Votre Grandeur. Jalouſe de ſe couvrir d'une partie de la gloire qu'elle vous voyoit acquérir, comme autrefois Ruth recherchant l'alliance de Booz : *Etendez*, diſoit-elle, *votre manteau ſur votre ſervante, parce que vous êtes ſon proche parent. Expande pallium tuum ſuper famulam tuam, quia propinquus es.* Dès-lors nous ne vous avons point diſtingué de celui que nous reconnoissions pour notre chef. Lui-même partageoit son pouvoir avec vous, usant de ses prérogatives avec tant de modération qu'il ne tint pas à lui que Votre Grandeur en parut seule revêtue. Aujourd'hui nous vous obéissons à double titre, & nous nous félicitons de voir briller votre Croix Pastorale sur ces antiques ornements que nos Rois nous ont laissés comme un gage de leur protection.

Achevez leur ouvrage, Monseigneur, en appuyant les efforts que fait cette Société Royale pour accroître son énergie & acquérir une stabilité parfaite. Les graces du Roi qui depuis son établissement ont si bien fructifié entre ses mains, sont encore ouvertes pour ses nouveaux besoins. Nous avons tout à espérer principalement en ce tems où le ministere de leur dispensation est remis en des mains zélées pour l'honneur du Sanctuaire & le maintien des bonnes études. Quel transport saisiroit non-seulement les éleves de ces Ecoles Royales, mais encore tous les citoyens de cette grande ville & tous les habitants du monde Chrétien ; s'ils voyoient dans toute sa splendeur cette maison justement célébre, ornée de la statue de l'immortel Bossuet ! L'aspect de ces traits divins, dominant sur une demeure majestueuse, d'où ils sembleroient encore instruire l'univers, imposeroit de la vénération. On fléchiroit le genou. On baiseroit une terre que ses pas

ont consacrée. On remporteroit de cette source avec l'amour de la Religion la force de la défendre.....
Je sais que tous nos efforts ne pourront redonner Bossuet au monde. Mais n'y a-t-il plus de Dieu dans Israël ? Et l'image d'un si grand homme ne peut-elle pas encore opérer quelques prodiges ?

Plus l'Archevêque de Bourges avançoit dans sa carriere, plus on voyoit croître ce grand amour pour Dieu, cette piété tendre & affectueuse, dont il avoit toujours été pénétré. Dans un tems où sa santé plus ferme que jamais sembloit lui promettre encore une longue course, il faisoit les plus sérieuses réflexions sur l'incertitude de la vie. Il n'étoit point attaché à la Terre, mais il craignoit de n'avoir pas assez acquis pour le Ciel. Le bien qu'il avoit fait ne le rassuroit pas sur celui qu'il pouvoit avoir manqué de faire. Son unique ressource étoit en la clémence infinie de Dieu. Non content d'y épancher son cœur pendant ses méditations ordinaires, il interrompoit les exercices du jour pour aller prier dans un lieu secret, où on l'a surpris plusieurs fois prosterné, demandant à Dieu miséricorde.

Avec ces dispositions & portant au-dedans de lui je ne sais quel pressentiment de sa fin prochaine, il parut à la derniere assemblée Provinciale, & développa encore une fois à nos yeux toutes les belles qualités de son esprit & de son cœur. Dieu choifit ce moment pour le frapper, fans doute afin de nous faire fentir plus vivement la grandeur de notre perte. On l'obligea à fe féparer de fon peuple, parce que le mal fut d'abord extrême, & qu'on efpéra trouver dans cette Capitale & dans les foins d'une tendre famille des fecours plus efficaces. Mais ce fut une nouvelle plaie faite à fon cœur, qui ne fut jamais fermée. Il n'a ceffé depuis de foupirer après fon Eglife ; il fe plaignoit amérement qu'on l'eût empêché d'y finir fes jours. La premiere lueur de guérifon qu'on pût entrevoir réveilla ce defir, tellement qu'il ne fut plus poffible d'y réfifter. S'il eût exécuté le voyage, qu'il fût alors fur le point d'entreprendre, tous les ordres de citoyens euffent accouru au-devant de lui, ainfi qu'ils en avoient formé la réfolution. On eût donc vu une de ces fcenes touchantes & délicieufes que le plaifir fans la vertu ne peut enfanter. Un Evêque oubliant ce qu'il a de plus cher au monde, s'oubliant lui-même pour rejoindre fon troupeau ; & le troupeau allarmé du danger de fon Pafteur fe précipitant en foule & fe ferrant autour de lui pour répondre par les plus vives careffes à de fi tendres empreffements.

Cette confolation fut refufée à l'un & à l'autre. On vit reparoître les fignes funeftes, qui avoient caufé nos premieres allarmes. Les nouvelles reffources que l'art pût fournir, produifirent feulement de plus longues souffrances. Il les accepta comme de nouveaux bienfaits de la Providence. Sa réfignation fondée fur la pénitence & fur une humilité profonde, porta ce caractere de douceur que nous avons remarqué dans le refte de fa conduite. Il ne fe plaignoit de fes douleurs à perfonne. Quelquefois feulement on l'entendit dans l'excès de fes maux les recommander à Dieu, ou dire à fes amis qui étoient auprès de lui : Qu'il ne voudroit pas fouffrir moins. Ses dernieres volontés, fes dernieres actions furent celles qu'on doit attendre d'un homme qui s'eft confacré tout entier à l'humanité & à la Religion. D'abondantes aumônes, des lectures & des converfations édifiantes, l'ufage fréquent des facrements de l'Eglife, tels furent les moyens qu'il employa pour fe difpofer à paroître devant le fouverain Juge. Il vit tranquillement arriver le moment terrible. Cette humble férénité qui eft la marque de la prédeftination ne difparut point fur fon vifage. Ses forces l'abandonnent ; fes yeux fe couvrent d'un nuage ; fa voix n'eft déja plus ; un profond foupir annonce les derniers efforts de la Nature défaillante. Et cet air de bonté furvit à la Nature même. Il anime des traits prefque éteints. Il efface jufqu'aux impreffions que la mort a tenté d'y tracer.

Ah, Meffieurs, cette redoutable idée de la mort nous pourfuit par-tout. Après avoir parcouru tous ces détails d'une vie touchante, après nous être édifiés par le spectacle de tant de vertu..... O abyme ! O néant ! Il faut penser que tout cela n'est plus ! Que nous l'avons perdu ce Pasteur vénérable, dont l'image nous est encore si présente, qu'il a passé comme un songe; qu'il s'est évanoui de dessus la face de la Terre !

O vous, Philosophes vantés, qui n'espérez rien après la vie présente & ne reconnoissez dans l'homme, qu'une substance périssable, dites-nous comment vous résistez à la pensée de la mort. Lorsqu'un événement malheureux vient vous enlever un ami fidele, un pere tendre, une épouse chérie, où puisez-vous le courage de supporter une séparation que vous jugez éternelle ? De quel œil pouvez-vous voir les liens de l'amitié & de l'amour rompus pour toujours, les consolations de votre cœur anéanties sans ressource, & la destruction d'une partie de vous-mêmes, préludant sans cesse à votre dissolution totale ? Pour nous, Dieu nous garde d'une aussi horrible situation. Ne mettant point de termes à la durée de notre ame, nous ne savons & nous ne voulons point borner celle de nos attachements. Eh quoi ? pourrions-nous renoncer pour jamais à ce que nous avons une fois sincérement aimé ? Non. Sans l'espérance de le retrouver après l'avoir perdu, nous serions tombés bientôt dans l'accablement & dans le désespoir.

Or nous la conservons cette douce espérance, au milieu de la tristesse que nous cause la mort des fideles, puisque leurs œuvres, grace aux mérites de Jésus-Christ, ne sont point stériles devant le Seigneur. Ayons donc la confiance que le Ciel nous attend, & qu'il est déja ouvert pour le digne Prélat que nous pleurons aujourd'hui. Que si la souveraine Justice n'étoit point encore satisfaite pour des fautes tant de fois pleurées, tant de fois expiées, achevons de la fléchir par de ferventes prieres unies aux saints sacrifices. Dieu qui est la bonté suprême & infinie se laissera appaiser en faveur d'un Evêque qui travailla toute sa vie à imiter la premiere de ses perfections, qui n'eût rien de plus à cœur que de s'attacher aux hommes par des bienfaits, & à son Dieu par une religieuse observation de ses commandements. Mais cessons de le louer. Aussi-bien la consternation que la nouvelle de sa mort a jettée par-tout où il étoit connu, la voix des pauvres qui a éclaté de toutes parts, les paroles honorables qui sont sorties de la bouche sacrée du Roi, le concours nombreux qui s'est fait à cette triste cérémonie des personnes les plus distinguées de l'Eglise & de l'Etat, sont des témoignages plus glorieux pour lui & plus éloquents que tous nos éloges.

MAIS la mort de l'Archevêque de Bourges, dont j'ai du vous entretenir, Meſſieurs, ſera-t-elle l'unique objet ſur lequel il me ſoit permis de fixer les yeux ? Ne l'entends-je pas lui-même qui m'ordonne du fond du tombeau, d'ajouter à ce tribut de larmes quelques ſignes de joie ? Et parlant ici au nom de tous, puis-je, malgré ma douleur, refuſer un auſſi légitime hommage au vertueux Prélat qui lui a été donné pour Succeſſeur & qui a pareillement hérité de ſa bienveillance pour notre Société Royale de Navarre ? O Egliſe de Bourges ! Egliſe fiere de l'antiquité de ton origine & de l'étendue de tes privileges, mais bien plus illuſtre par ta ſinguliere deſtinée, qui fut de n'être gouvernée que par de bons & de pieux Evêques, juſqu'à mériter le beau nom de Siége des Saints, *Sedes Sanctorum :* Oſe encore dans ton affliction profonde eſpérer des jours ſereins. Leve tes yeux noyés dans les pleurs vers ce Ciel qui te fut toujours propice, & qui, dans le nouvel époux qu'il t'accorde aujourd'hui, ſemble te préſager le retour de tes premieres années. Déja la réputation de ſa bonté l'a précédé. Tu connois ſa modération qui a penſé te coûter ſi cher. Mais tu ne peux te former de lui qu'une image imparfaite juſqu'à ce qu'il ſe ſoit montré lui-même à tes regards. Dépouille donc tes habits de deuil; ainsi l'ordonne cette même piété qui t'en revêtit. Viens dans toute ta gloire, viens avec confiance à cet autel sacré, où de graves & antiques cérémonies sanctifiéront vos engagements. Là, comme auprès de ce fatal monument, tu connoîtras quel est le prix d'un véritable Evêque, & tes justes regrets deviendront l'aliment de ton amour. Vous, fideles, qui vivez sous ses loix, préparez une entrée solemnelle au Pasteur que la main de Dieu vous a choisi. Jettez des fleurs sur ses pas; prosternez-vous pour recevoir par ses mains les bénédictions célestes. Que l'enfant, que le vieillard trouvent dans un bras étranger la force qui leur manque pour partager l'allégresse publique. Témoignez par vos acclamations les vœux de votre cœur. Ne mettez point de bornes à vos transports. L'inauguration d'un digne Pontife doit être une grande fête, pour ceux qui ont senti vivement que le jour où ils en perdirent un semblable, fût de tous les jours de leur vie le plus triste & le plus malheureux.

FIN.

APPROBATION.

J'AI lu par ordre de Monseigneur le Garde des Sceaux l'*Oraison Funebre de M. l'Archevêque de Bourges*; par M. *l'Abbé Sainjon* : on l'a entendue avec intérêt : elle sera lue de même : c'est l'expression d'un cœur reconnoissant : c'est l'hommage qu'une éloquence naturelle & naïve rend à la mémoire d'un Prélat bienfaisant & religieux : il fut tel qu'il est peint ici, ce bon Prélat, & il excite encore les regrets & fait couler les larmes des personnes qui ont eu le bonheur de le connoître particuliérement : c'est pourquoi j'ai signé : à Paris, ce 27 Mars 1788.

DE TURMENYES, GRAND-MAITRE DE NAVARRE.

De l'Imprimerie de C. SIMON, Imprimeur de Monseigneur l'Archevêque de Paris, rue St. Jacques, près St. Yves, N°. 27. 1788.

www.ingramcontent.com/pod-product-compliance
Lightning Source LLC
Chambersburg PA
CBHW070706050426
42451CB00008B/515